TABLES CHAMPION
TABLES FOR SECOND CLASS

2

Editor: Donna Garvin
Design: Philip Ryan Graphic Design
Layout: The Unlimited Design Co.
Ilustrations: Emily Skinner (GCI)
Cover illustration: Paula Martyr (GCI)

© 2012 Educate.ie, Castleisland, County Kerry, Ireland.
ISBN: 978-1-908507-24-2
Printed in Ireland by Walsh Colour Print, Castleisland, County Kerry. Freephone 1800 613 111.

educate.ie

Week by week at a glance:

Addition Tables	
Subtraction Tables	
Week 1	Addition Tables 1 +
Week 2	Addition Tables 2 +
Week 3	Addition Tables 3 +
Week 4	Addition Tables 4 +
Week 5	Addition Tables 5 +
Week 6	Addition Tables 6 +
Week 7	Addition Tables 7 +
Week 8	Addition Tables 8 +
Week 9	Addition Tables 9 +
Week 10	Addition Tables 10 +
Check-up 1	
Week 11	Addition Tables 1 +, 2 +
Week 12	Addition Tables 3 +, 4 +
Week 13	Addition Tables 5 +, 6 +
Week 14	Addition Tables 7 +, 8 +
Week 15	Addition Tables 9 +, 10 +
Check-up 2	
Week 16	Subtraction Tables −1, −2
Week 17	Subtraction Tables −3, −4
Week 18	Subtraction Tables −5, −6
Week 19	Subtraction Tables −7, −8
Week 20	Subtraction Tables −9, −10
Check-up 3	
Week 21	Tables 1 +, −1
Week 22	Tables 2 +, −2
Week 23	Tables 3 +, −3
Week 24	Tables 4 +, −4
Week 25	Tables 5 +, −5
Week 26	Tables 6 +, −6
Week 27	Tables 7 +, −7
Week 28	Tables 8 +, −8
Week 29	Tables 9 +, −9
Week 30	Tables 10 +, −10
Check-up 4	

Note for Teachers:

You may choose to cover the week-by-week scheme in a different order, according to your teaching plan. Also, if you wish, the answers can be downloaded from the educate.ie website. As for the time allowed for each daily test, Teachers might find it beneficial on occasions to allow the pupils to set their own target time.

1 +	2 +	3 +	4 +	5 +
1 + 0 = 1	2 + 0 = 2	3 + 0 = 3	4 + 0 = 4	5 + 0 = 5
1 + 1 = 2	2 + 1 = 3	3 + 1 = 4	4 + 1 = 5	5 + 1 = 6
1 + 2 = 3	2 + 2 = 4	3 + 2 = 5	4 + 2 = 6	5 + 2 = 7
1 + 3 = 4	2 + 3 = 5	3 + 3 = 6	4 + 3 = 7	5 + 3 = 8
1 + 4 = 5	2 + 4 = 6	3 + 4 = 7	4 + 4 = 8	5 + 4 = 9
1 + 5 = 6	2 + 5 = 7	3 + 5 = 8	4 + 5 = 9	5 + 5 = 10
1 + 6 = 7	2 + 6 = 8	3 + 6 = 9	4 + 6 = 10	5 + 6 = 11
1 + 7 = 8	2 + 7 = 9	3 + 7 = 10	4 + 7 = 11	5 + 7 = 12
1 + 8 = 9	2 + 8 = 10	3 + 8 = 11	4 + 8 = 12	5 + 8 = 13
1 + 9 = 10	2 + 9 = 11	3 + 9 = 12	4 + 9 = 13	5 + 9 = 14
1 + 10 = 11	2 + 10 = 12	3 + 10 = 13	4 + 10 = 14	5 + 10 = 15

6 +	7 +	8 +	9 +	10 +
6 + 0 = 6	7 + 0 = 7	8 + 0 = 8	9 + 0 = 9	10 + 0 = 10
6 + 1 = 7	7 + 1 = 8	8 + 1 = 9	9 + 1 = 10	10 + 1 = 11
6 + 2 = 8	7 + 2 = 9	8 + 2 = 10	9 + 2 = 11	10 + 2 = 12
6 + 3 = 9	7 + 3 = 10	8 + 3 = 11	9 + 3 = 12	10 + 3 = 13
6 + 4 = 10	7 + 4 = 11	8 + 4 = 12	9 + 4 = 13	10 + 4 = 14
6 + 5 = 11	7 + 5 = 12	8 + 5 = 13	9 + 5 = 14	10 + 5 = 15
6 + 6 = 12	7 + 6 = 13	8 + 6 = 14	9 + 6 = 15	10 + 6 = 16
6 + 7 = 13	7 + 7 = 14	8 + 7 = 15	9 + 7 = 16	10 + 7 = 17
6 + 8 = 14	7 + 8 = 15	8 + 8 = 16	9 + 8 = 17	10 + 8 = 18
6 + 9 = 15	7 + 9 = 16	8 + 9 = 17	9 + 9 = 18	10 + 9 = 19
6 + 10 = 16	7 + 10 = 17	8 + 10 = 18	9 + 10 = 19	10 + 10 = 20

Tables

Subtraction 1 to 10

− 1	− 2	− 3	− 4	− 5
1 − 1 = 0	2 − 2 = 0	3 − 3 = 0	4 − 4 = 0	5 − 5 = 0
2 − 1 = 1	3 − 2 = 1	4 − 3 = 1	5 − 4 = 1	6 − 5 = 1
3 − 1 = 2	4 − 2 = 2	5 − 3 = 2	6 − 4 = 2	7 − 5 = 2
4 − 1 = 3	5 − 2 = 3	6 − 3 = 3	7 − 4 = 3	8 − 5 = 3
5 − 1 = 4	6 − 2 = 4	7 − 3 = 4	8 − 4 = 4	9 − 5 = 4
6 − 1 = 5	7 − 2 = 5	8 − 3 = 5	9 − 4 = 5	10 − 5 = 5
7 − 1 = 6	8 − 2 = 6	9 − 3 = 6	10 − 4 = 6	11 − 5 = 6
8 − 1 = 7	9 − 2 = 7	10 − 3 = 7	11 − 4 = 7	12 − 5 = 7
9 − 1 = 8	10 − 2 = 8	11 − 3 = 8	12 − 4 = 8	13 − 5 = 8
10 − 1 = 9	11 − 2 = 9	12 − 3 = 9	13 − 4 = 9	14 − 5 = 9
11 − 1 = 10	12 − 2 = 10	13 − 3 = 10	14 − 4 = 10	15 − 5 = 10

− 6	− 7	− 8	− 9	− 10
6 − 6 = 0	7 − 7 = 0	8 − 8 = 0	9 − 9 = 0	10 − 10 = 0
7 − 6 = 1	8 − 7 = 1	9 − 8 = 1	10 − 9 = 1	11 − 10 = 1
8 − 6 = 2	9 − 7 = 2	10 − 8 = 2	11 − 9 = 2	12 − 10 = 2
9 − 6 = 3	10 − 7 = 3	11 − 8 = 3	12 − 9 = 3	13 − 10 = 3
10 − 6 = 4	11 − 7 = 4	12 − 8 = 4	13 − 9 = 4	14 − 10 = 4
11 − 6 = 5	12 − 7 = 5	13 − 8 = 5	14 − 9 = 5	15 − 10 = 5
12 − 6 = 6	13 − 7 = 6	14 − 8 = 6	15 − 9 = 6	16 − 10 = 6
13 − 6 = 7	14 − 7 = 7	15 − 8 = 7	16 − 9 = 7	17 − 10 = 7
14 − 6 = 8	15 − 7 = 8	16 − 8 = 8	17 − 9 = 8	18 − 10 = 8
15 − 6 = 9	16 − 7 = 9	17 − 8 = 9	18 − 9 = 9	19 − 10 = 9
16 − 6 = 10	17 − 7 = 10	18 − 8 = 10	19 − 9 = 10	20 − 10 = 10

Monday	Tuesday	Wednesday	Thursday
Time allowed: $1\frac{1}{4}$ mins	Time allowed: $1\frac{1}{4}$ mins	Time allowed: $1\frac{1}{4}$ mins	Time allowed: $1\frac{1}{4}$ mins
1. $1 + 7 = 8$	1. $9 + 1 = 10$	1. $1 + 6 = 7$	1. $3 + 1 = 4$
2. $1 + 3 = 4$	2. $3 + 1 = 4$	2. $1 + 9 = 10$	2. $5 + 1 = 6$
3. $1 + 10 = 11$	3. $8 + 1 = 9$	3. $1 + 4 = 5$	3. $6 + 1 = 7$
4. $1 + 8 = 9$	4. $4 + 1 = 5$	4. $1 + 7 = 8$	4. $9 + 1 = 10$
5. $1 + 2 = 3$	5. $7 + 1 = 8$	5. $1 + 0 = 1$	5. $1 + 8 = 9$
6. $1 + 9 = 10$	6. $10 + 1 = 11$	6. $5 + 1 = 6$	6. $1 + 0 = 1$
7. $1 + 4 = 5$	7. $2 + 1 = 3$	7. $7 + 1 = 8$	7. $1 + 5 = 6$
8. $1 + 6 = 7$	8. $6 + 1 = 7$	8. $10 + 1 = 11$	8. $1 + 8 = 9$
9. $1 + 1 = 2$	9. $0 + 1 = 1$	9. $3 + 1 = 4$	9. $7 + 1 = 8$
10. $1 + 5 = 6$	10. $5 + 1 = 6$	10. $0 + 1 = 1$	10. $9 + 1 = 10$
11. $1 + 3 = 4$	11. $10 + 1 = 11$	11. $5 + 1 = 6$	11. $5 + 1 = 6$
12. $1 + 8 = 9$	12. $5 + 1 = 6$	12. $8 + 1 = 9$	12. $7 + 1 = 8$
13. $1 + 10 = 11$	13. $9 + 1 = 10$	13. $3 + 1 = 4$	13. $1 + 9 = 10$
14. $1 + 0 = 1$	14. $1 + 1 = 2$	14. $2 + 1 = 3$	14. $1 + 10 = 11$
15. $1 + 4 = 5$	15. $4 + 1 = 5$	15. $10 + 1 = 11$	15. $1 + 4 = 5$
16. $1 + 9 = 10$	16. $8 + 1 = 9$	16. $1 + 6 = 7$	16. $1 + 2 = 3$
17. $1 + 7 = 8$	17. $2 + 1 = 3$	17. $1 + 9 = 10$	17. $8 + 1 = 9$
18. $1 + 5 = 6$	18. $6 + 1 = 7$	18. $1 + 8 = 9$	18. $10 + 1 = 11$
19. $1 + 2 = 3$	19. $3 + 1 = 4$	19. $1 + 10 = 11$	19. $8 + 1 = 9$
20. $1 + 6 = 7$	20. $7 + 1 = 8$	20. $1 + 4 = 5$	20. $0 + 1 = 1$
Score $\frac{20}{20}$	Score $\frac{20}{20}$	Score $\frac{20}{20}$	Score $\frac{20}{20}$

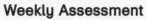

Week 2

Addition Tables 2+

Weekly Assessment

 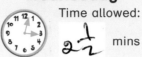 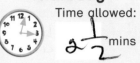

	Monday		Tuesday		Wednesday		Thursday
Time allowed: $2\frac{1}{2}$ mins		Time allowed: $2\frac{1}{2}$ mins		Time allowed: $2\frac{1}{2}$ mins		Time allowed: $2\frac{1}{2}$ mins	
1.	$2 + 5 = 7$	1.	$1 + 2 = 3$	1.	$2 + 3 = 5$	1.	$10 + 2 = 12$
2.	$2 + 1 = 3$	2.	$7 + 2 = 9$	2.	$2 + 1 = 3$	2.	$0 + 2 = 2$
3.	$2 + 4 = 6$	3.	$2 + 2 = 4$	3.	$2 + 7 = 9$	3.	$4 + 2 = 6$
4.	$2 + 8 = 10$	4.	$8 + 2 = 10$	4.	$2 + 5 = 7$	4.	$6 + 2 = 8$
5.	$2 + 6 = 8$	5.	$5 + 2 = 7$	5.	$2 + 10 = 12$	5.	$2 + 2 = 4$
6.	$2 + 9 = 11$	6.	$10 + 2 = 12$	6.	$0 + 2 = 2$	6.	$2 + 9 = 11$
7.	$2 + 2 = 4$	7.	$6 + 2 = 8$	7.	$9 + 2 = 11$	7.	$2 + 3 = 5$
8.	$2 + 10 = 12$	8.	$4 + 2 = 6$	8.	$8 + 2 = 10$	8.	$2 + 10 = 12$
9.	$2 + 7 = 9$	9.	$9 + 2 = 11$	9.	$5 + 2 = 7$	9.	$3 + 2 = 5$
10.	$2 + 3 = 5$	10.	$3 + 2 = 5$	10.	$7 + 2 = 9$	10.	$8 + 2 = 10$
11.	$2 + 8 = 10$	11.	$2 + 4 = 6$	11.	$2 + 2 = 4$	11.	$0 + 2 = 2$
12.	$2 + 10 = 12$	12.	$2 + 6 = 8$	12.	$9 + 2 = 11$	12.	$9 + 2 = 11$
13.	$2 + 4 = 6$	13.	$2 + 3 = 5$	13.	$6 + 2 = 8$	13.	$2 + 4 = 6$
14.	$2 + 2 = 4$	14.	$2 + 8 = 10$	14.	$4 + 2 = 6$	14.	$2 + 6 = 8$
15.	$2 + 9 = 11$	15.	$2 + 10 = 12$	15.	$8 + 2 = 10$	15.	$2 + 1 = 3$
16.	$2 + 3 = 5$	16.	$2 + 5 = 7$	16.	$2 + 3 = 5$	16.	$2 + 7 = 9$
17.	$2 + 6 = 8$	17.	$2 + 1 = 3$	17.	$2 + 10 = 12$	17.	$7 + 2 = 9$
18.	$2 + 1 = 3$	18.	$2 + 7 = 9$	18.	$2 + 4 = 6$	18.	$5 + 2 = 7$
19.	$2 + 5 = 7$	19.	$2 + 0 = 2$	19.	$2 + 6 = 8$	19.	$5 + 2 = 7$
20.	$2 + 7 = 9$	20.	$2 + 9 = 11$	20.	$2 + 8 = 10$	20.	$8 + 2 = 10$
Score	$\frac{20}{20}$	Score	$\frac{20}{20}$	Score	$\frac{20}{20}$	Score	$\frac{20}{20}$

6

Photocopying is prohibited

10 mins   26/3/14

Week 3

Weekly Assessment

Monday	Tuesday	Wednesday	Thursday
Time allowed: $2\frac{1}{2}$ mins	Time allowed: $2\frac{1}{2}$ mins	Time allowed: $2\frac{1}{2}$ mins	Time allowed: $2\frac{1}{2}$ mins

#	Monday	#	Tuesday	#	Wednesday	#	Thursday
1.	$3 + 3 = 6$ ✓	1.	$1 + 3 = 4$	1.	$3 + 6 = 9$ ✓	1.	$3 + 4 = 7$ ✓
2.	$3 + 7 = 10$ ✓	2.	$9 + 3 = 12$ ✗	2.	$3 + 1 = 4$ ✓	2.	$3 + 7 = 10$ ✓
3.	$3 + 4 = 7$ ✓	3.	$7 + 3 = 10$	3.	$3 + 6 = 8$ ✗	3.	$2 + 3 = 5$ ✓
4.	$3 + 9 = 12$ ✓	4.	$2 + 3 = 5$ ✓	4.	$3 + 7 = 10$ ✓	4.	$4 + 3 = 7$
5.	$3 + 2 = 5$ ✓	5.	$8 + 3 = 11$ ✓	5.	$3 + 2 = 5$ ✓	5.	$3 + 8 = 11$ ✓
6.	$3 + 5 = 8$ ✓	6.	$4 + 3 = 7$	6.	$1 + 3 = 4$ ✓	6.	$3 + 10 = 13$ ✓
7.	$3 + 10 = 13$ ✓	7.	$12 + 3 = 9$ ✓	7.	$9 + 3 = 12$ ✓	7.	$3 + 3 = 6$ ✓
8.	$3 + 0 = 3$ ✓	8.	$10 + 3 = 13$ ✓	8.	$6 + 3 = 9$ ✓	8.	$3 + 6 = 9$ ✓
9.	$3 + 6 = 9$ ✓	9.	$3 + 3 = 6$ ✓	9.	$4 + 3 = 7$ ✓	9.	$3 + 5 = 8$ ✓
10.	$3 + 8 = 11$ ✓	10.	$5 + 3 = 8$ ✓	10.	$7 + 3 = 10$	10.	$3 + 9 = 12$ ✓
11.	$3 + 5 = 8$ ✓	11.	$3 + 4 = 7$ ✓	11.	$8 + 3 = 11$ ✓	11.	$1 + 3 = 4$
12.	$3 + 10 = 13$ ✓	12.	$3 + 0 = 3$ ✓	12.	$3 + 3 = 6$ ✓	12.	$8 + 3 = 11$
13.	$3 + 4 = 7$ ✓	13.	$3 + 7 = 10$ ✓	13.	$9 + 3 = 12$ ✓	13.	$3 + 0 = 3$ ✓
14.	$3 + 7 = 10$ ✓	14.	$3 + 8 = 11$	14.	$4 + 3 = 7$ ✓	14.	$3 + 3 = 6$ ✓
15.	$3 + 2 = 5$ ✓	15.	$3 + 10 = 13$ ✓	15.	$10 + 3 = 13$ ✓	15.	$3 + 5 = 8$
16.	$3 + 6 = 9$ ✓	16.	$3 + 6 = 9$ ✓	16.	$3 + 5 = 8$	16.	$3 + 7 = 10$ ✓
17.	$3 + 8 = 11$ ✓	17.	$3 + 9 = 12$ ✗	17.	$3 + 10 = 13$	17.	$3 + 6 = 9$ ✓
18.	$3 + 1 = 4$ ✓	18.	$3 + 3 = 6$ ✓	18.	$3 + 7 = 10$	18.	$3 + 2 = 5$ ✓
19.	$3 + 3 = 6$ ✓	19.	$3 + 65 = 8$ ✗	19.	$3 + 9 = 12$	19.	$0 + 3 = 3$ ✓
20.	$3 + 9 = 12$ ✓	20.	$3 + 2 = 5$ ✓	20.	$3 + 8 = 11$	20.	$10 + 3 = 13$ ✓

| Score 20 / 20 | Score 17 / 20 | Score 19 / 20 | Score 20 / 20 |

Week 4

Addition Tables 4+

Monday
Time allowed: 1.25 mins

1. $4 + 10 = 14$
2. $4 + 2 = 6$
3. $4 + 5 = 9$
4. $4 + 3 = 7$
5. $4 + 8 = 12$
6. $4 + 6 = 10$
7. $4 + 0 = 4$
8. $4 + 9 = 13$
9. $4 + 4 = 8$
10. $4 + 7 = 11$
11. $4 + 5 = 9$
12. $4 + 0 = 4$
13. $4 + 10 = 14$
14. $4 + 4 = 8$
15. $4 + 9 = 13$
16. $4 + 6 = 10$
17. $4 + 3 = 7$
18. $4 + 8 = 12$
19. $4 + 2 = 6$
20. $4 + 7 = 11$

Score 20 / 20

Tuesday
Time allowed: 1.25 mins

1. $1 + 4 = 5$
2. $10 + 4 = 14$
3. $2 + 4 = 6$
4. $6 + 4 = 10$
5. $7 + 4 = 11$
6. $4 + 4 = 8$
7. $9 + 4 = 13$
8. $8 + 4 = 12$
9. $3 + 4 = 7$
10. $5 + 4 = 9$
11. $4 + 8 = 12$
12. $4 + 3 = 7$
13. $4 + 5 = 9$
14. $4 + 2 = 6$
15. $4 + 9 = 13$
16. $4 + 1 = 5$
17. $4 + 7 = 11$
18. $4 + 4 = 8$
19. $4 + 0 = 4$
20. $4 + 6 = 10$

Score 20 / 20

Wednesday
Time allowed: 1.25 mins

1. $4 + 10 = 14$
2. $4 + 1 = 5$
3. $4 + 3 = 7$
4. $4 + 9 = 13$
5. $4 + 6 = 10$
6. $4 + 4 = 8$
7. $0 + 4 = 4$
8. $10 + 4 = 14$
9. $8 + 4 = 12$
10. $5 + 4 = 9$
11. $2 + 4 = 6$
12. $8 + 4 = 12$
13. $5 + 4 = 9$
14. $7 + 4 = 11$
15. $0 + 4 = 4$
16. $4 + 9 = 13$
17. $4 + 3 = 7$
18. $4 + 7 = 11$
19. $4 + 2 = 6$
20. $4 + 6 = 10$

Score 20 / 20

Thursday
Time allowed: 1.25 mins

1. $0 + 4 = 4$
2. $4 + 9 = 13$
3. $10 + 4 = 14$
4. $8 + 4 = 12$
5. $4 + 1 = 5$
6. $4 + 8 = 12$
7. $4 + 1 = 5$
8. $4 + 9 = 13$
9. $2 + 4 = 6$
10. $4 + 6 = 10$
11. $7 + 4 = 11$
12. $3 + 4 = 7$
13. $4 + 5 = 9$
14. $7 + 4 = 11$
15. $4 + 2 = 6$
16. $4 + 5 = 9$
17. $4 + 4 = 8$
18. $4 + 3 = 7$
19. $6 + 4 = 10$
20. $4 + 4 = 8$

Score 20 / 20

8

30/4/14   7/5/14

Week 5 | Addition Tables 5+ | Weekly Assessment

Monday — Time allowed: 2 mins	Tuesday — Time allowed: 2 mins	Wednesday — Time allowed: 2 mins	Thursday — Time allowed: 2 mins
1. $5 + 5 = 10$ ✓	1. $7 + 5 = 12$ ✓	1. $5 + 5 = 10$ ✓	1. $5 + 10 = 15$ ✓
2. $5 + 3 = 8$ ✓	2. $5 + 5 = 10$ ✓	2. $5 + 7 = 12$ ✓	2. $2 + 5 = 7$ ✓
3. $5 + 10 = 15$ ✓	3. $9 + 5 = 14$ ✓	3. $5 + 2 = 7$ ✓	3. $4 + 5 = 9$ ✓
4. $5 + 9 = 14$ ✓	4. $1 + 5 = 6$ ✓	4. $5 + 9 = 14$ ✓	4. $6 + 5 = 11$ ✓
5. $5 + 2 = 7$ ✓	5. $3 + 5 = 8$ ✓	5. $5 + 4 = 9$ ✓	5. $9 + 5 = 14$ ✓
6. $5 + 4 = 9$ ✓	6. $8 + 5 = 13$ ✓	6. $1 + 5 = 6$ ✓	6. $5 + 0 = 5$ ✓
7. $5 + 7 = 12$ ✓	7. $10 + 5 = 15$ ✓	7. $5 + 5 = 10$ ✓	7. $5 + 7 = 12$ ✓
8. $5 + 9 = 14$ ✓	8. $6 + 5 = 11$ ✓	8. $10 + 5 = 15$ ✓	8. $5 + 5 = 10$ ✓
9. $5 + 1 = 6$ ✓	9. $4 + 5 = 9$ ✓	9. $6 + 5 = 11$ ✓	9. $3 + 5 = 8$ ✓
10. $5 + 6 = 11$ ✓	10. $2 + 5 = 7$ ✓	10. $2 + 5 = 7$ ✓	10. $5 + 8 = 13$ ✓
11. $5 + 3 = 8$ ✓	11. $5 + 1 = 6$ ✓	11. $8 + 5 = 13$	11. $1 + 5 = 6$ ✓
12. $5 + 7 = 12$ ✓	12. $5 + 4 = 9$ ✓	12. $6 + 5 = 11$ ✓	12. $8 + 5 = 13$
13. $5 + 8 = 13$ ✓	13. $5 + 6 = 11$ ✓	13. $10 + 5 = 15$ ✓	13. $7 + 5 = 12$ ✓
14. $5 + 5 = 10$ ✓	14. $5 + 0 = 5$ ✓	14. $0 + 5 = 5$ ✓	14. $5 + 5 = 10$ ✓
15. $5 + 10 = 15$ ✓	15. $5 + 5 = 10$ ✓	15. $3 + 5 = 8$ ✓	15. $5 + 9 = 14$ ✓
16. $5 + 2 = 7$ ✓	16. $5 + 3 = 8$ ✓	16. $5 + 3 =$	16. $5 + 3 = 8$ ✓
17. $5 + 6 = 11$ ✓	17. $5 + 8 = 13$ ✓	17. $5 + 7 =$	17. $6 + 5 = 11$ ✓
18. $5 + 0 = 5$ ✓	18. $5 + 10 = 15$ ✓	18. $5 + 9 =$	18. $5 + 4 = 9$ ✓
19. $5 + 4 = 9$ ✓	19. $5 + 7 = 12$ ✓	19. $5 + 5 =$	19. $10 + 5 = 15$ ✓
20. $5 + 8 = 13$ ✓	20. $5 + 2 = 7$ ✓	20. $5 + 8 =$	20. $2 + 5 = 7$ ✓
Score 20/20	Score 20/20	Score __/20	Score 20/20

Photocopying is prohibited

9

Week 6

Addition Tables 6+

Monday
Time allowed: 1 mins

1. 6 + 2 = 8 ✓
2. 6 + 6 = 12 ✓
3. 6 + 8 = 14 ✓
4. 6 + 7 = 13 ✓
5. 6 + 10 = 16 ✓
6. 6 + 3 = 9 ✓
7. 6 + 5 = 11 ✓
8. 6 + 4 = 10 ✓
9. 6 + 1 = 7 ✓
10. 6 + 8 = 14 ✓
11. 6 + 0 = 6 ✓
12. 6 + 9 = 15 ✓
13. 6 + 10 = 16 ✓
14. 6 + 5 = 11 ✓
15. 6 + 2 = 8
16. 6 + 4 = 10 ✓
17. 6 + 7 = 13
18. 6 + 9 = 15
19. 6 + 6 = 12
20. 6 + 3 = 9 ✓

Score 20/20

Tuesday
Time allowed: 1 mins

1. 6 + 6 = 12
2. 8 + 6 = 14 ✓
3. 5 + 6 = 11 ✓
4. 9 + 6 = 15 ✓
5. 3 + 6 = 9 ✓
6. 10 + 6 = 16 ✓
7. 4 + 6 = 10 ✓
8. 7 + 6 = 13 ✓
9. 1 + 6 = 7 ✓
10. 2 + 6 = 8 ✓
11. 6 + 6 = 12 ✓
12. 6 + 8 = 14 ✓
13. 6 + 1 = 7 ✓
14. 6 + 7 = 13 ✓
15. 6 + 5 = 11 ✓
16. 6 + 2 = 8 ✓
17. 6 + 10 = 16 ✓
18. 6 + 4 = 10 ✓
19. 6 + 9 = 15 ✓
20. 6 + 3 = 9 ✓

Score 20/20

Wednesday
Time allowed: 1 mins

1. 6 + 3 = 9 ✓
2. 6 + 8 = 14 ✓
3. 6 + 0 = 6 ✓
4. 6 + 6 = 12 ✓
5. 6 + 1 = 7 ✓
6. 0 + 6 = 6 ✓
7. 6 + 5 = 11 ✓
8. 1 + 6 = 7 ✓
9. 9 + 6 = 15 ✓
10. 6 + 6 = 12 ✓
11. 9 + 6 = 15 ✓
12. 6 + 6 = 12 ✓
13. 3 + 6 = 9 ✓
14. 5 + 6 = 11 ✓
15. 0 + 6 = 6 ✓
16. 6 + 2 = 8 ✓
17. 8 + 6 = 14 ✓
18. 3 + 6 = 9 ✓
19. 6 + 4 = 10 ✓
20. 7 + 6 = 13 ✓

Score 20/20

Thursday
Time allowed: 1 mins

1. 0 + 6 = 6 ✓
2. 6 + 9 = 15 ✓
3. 4 + 6 = 10 ✓
4. 6 + 6 = 12 ✓
5. 1 + 6 = 7 ✓
6. 6 + 10 = 16 ✓
7. 6 + 5 = 11 ✓
8. 6 + 7 = 13 ✓
9. 2 + 6 = 8 ✓
10. 6 + 8 = 14 ✓
11. 3 + 6 = 9 ✓
12. 8 + 6 = 14 ✓
13. 3 + 6 = 9 ✓
14. 5 + 6 = 11 ✓
15. 6 + 9 = 15 ✓
16. 6 + 2 = 8 ✓
17. 6 + 4 = 10 ✓
18. 7 + 6 = 13 ✓
19. 10 + 6 = 16 ✓
20. 1 + 6 = 7 ✓

Score 20/20

Photocopying is prohibited

Week 7

Addition Tables 7+

	Monday		Tuesday		Wednesday		Thursday
	Time allowed: ___ mins		Time allowed: ___ mins		Time allowed: ___ mins		Time allowed: ___ mins
1.	7 + 7 =	1.	___ + 7 = 14	1.	7 + ___ = 8	1.	7 + 4 =
2.	7 + 5 =	2.	___ + 7 = 10	2.	7 + ___ = 12	2.	7 + 10 =
3.	7 + 4 =	3.	___ + 7 = 16	3.	7 + ___ = 9	3.	___ + 7 = 12
4.	7 + 10 =	4.	___ + 7 = 11	4.	7 + ___ = 17	4.	___ + 7 = 16
5.	7 + 3 =	5.	___ + 7 = 15	5.	7 + ___ = 15	5.	7 + 5 =
6.	7 + 8 =	6.	___ + 7 = 12	6.	0 + 7 =	6.	7 + 3 =
7.	7 + 1 =	7.	___ + 7 = 17	7.	7 + 7 =	7.	7 + ___ = 13
8.	7 + 6 =	8.	___ + 7 = 13	8.	2 + 7 =	8.	7 + ___ = 15
9.	7 + 2 =	9.	___ + 7 = 7	9.	5 + 7 =	9.	7 + 7 =
10.	7 + 9 =	10.	___ + 7 = 9	10.	9 + 7 =	10.	2 + 7 =
11.	7 + 0 =	11.	7 + ___ = 11	11.	___ + 7 = 10	11.	___ + 7 = 17
12.	7 + 3 =	12.	7 + ___ = 13	12.	___ + 7 = 14	12.	___ + 7 = 11
13.	7 + 5 =	13.	7 + ___ = 8	13.	___ + 7 = 11	13.	7 + 9 =
14.	7 + 9 =	14.	7 + ___ = 10	14.	___ + 7 = 16	14.	7 + 1 =
15.	7 + 2 =	15.	7 + ___ = 14	15.	___ + 7 = 13	15.	7 + ___ = 10
16.	7 + 8 =	16.	7 + ___ = 9	16.	7 + 3 =	16.	7 + ___ = 14
17.	7 + 7 =	17.	7 + ___ = 16	17.	7 + 6 =	17.	8 + 7 =
18.	7 + 10 =	18.	7 + ___ = 12	18.	7 + 10 =	18.	6 + 7 =
19.	7 + 4 =	19.	7 + ___ = 7	19.	7 + 8 =	19.	___ + 7 = 7
20.	7 + 6 =	20.	7 + ___ = 15	20.	7 + 4 =	20.	___ + 7 = 9

Score ___ / 20   Score ___ / 20   Score ___ / 20   Score ___ / 20

Week 8	Addition Tables 8+	Weekly Assessment

Monday	Tuesday	Wednesday	Thursday
Time allowed: ___ mins	Time allowed: ___ mins	Time allowed: ___ mins	Time allowed: ___ mins
1. 8 + 10 =	1. ___ + 8 = 16	1. 8 + ___ = 13	1. 8 + 0 =
2. 8 + 0 =	2. ___ + 8 = 11	2. 8 + ___ = 15	2. 8 + 7 =
3. 8 + 8 =	3. ___ + 8 = 15	3. 8 + ___ = 12	3. ___ + 8 = 18
4. 8 + 5 =	4. ___ + 8 = 12	4. 8 + ___ = 18	4. ___ + 8 = 11
5. 8 + 3 =	5. ___ + 8 = 10	5. 8 + ___ = 9	5. 8 + 1 =
6. 8 + 7 =	6. ___ + 8 = 13	6. 8 + 8 =	6. 8 + 6 =
7. 8 + 4 =	7. ___ + 8 = 18	7. 8 + 2 =	7. 8 + ___ = 17
8. 8 + 6 =	8. ___ + 8 = 8	8. 8 + 4 =	8. 8 + ___ = 10
9. 8 + 9 =	9. ___ + 8 = 17	9. 8 + 9 =	9. 8 + 2 =
10. 8 + 2 =	10. ___ + 8 = 14	10. 8 + 0 =	10. 9 + 8 =
11. 8 + 0 =	11. 8 + ___ = 10	11. ___ + 8 = 14	11. ___ + 8 = 16
12. 8 + 8 =	12. 8 + ___ = 13	12. ___ + 8 = 16	12. ___ + 8 = 8
13. 8 + 3 =	13. 8 + ___ = 17	13. ___ + 8 = 11	13. 8 + 3 =
14. 8 + 1 =	14. 8 + ___ = 11	14. ___ + 8 = 17	14. 8 + 5 =
15. 8 + 6 =	15. 8 + ___ = 12	15. ___ + 8 = 10	15. 8 + ___ = 12
16. 8 + 7 =	16. 8 + ___ = 16	16. 5 + 8 =	16. 8 + ___ = 14
17. 8 + 5 =	17. 8 + ___ = 9	17. 10 + 8 =	17. 8 + 7 =
18. 8 + 10 =	18. 8 + ___ = 14	18. 6 + 8 =	18. 8 + 8 =
19. 8 + 4 =	19. 8 + ___ = 8	19. 3 + 8 =	19. ___ + 8 = 13
20. 8 + 9 =	20. 8 + ___ = 15	20. 7 + 8 =	20. ___ + 8 = 15
Score ___ / 20	Score ___ / 20	Score ___ / 20	Score ___ / 20

Week 9

Weekly Assessment

	Monday		Tuesday		Wednesday		Thursday
	Time allowed: ___ mins 		Time allowed: ___ mins		Time allowed: ___ mins		Time allowed: ___ mins
1.	9 + 0 =	1.	+ 9 = 13	1.	9 + = 9	1.	9 + 2 =
2.	9 + 8 =	2.	+ 9 = 11	2.	9 + = 18	2.	9 + 7 =
3.	9 + 5 =	3.	+ 9 = 16	3.	9 + = 11	3.	+ 9 = 15
4.	9 + 10 =	4.	+ 9 = 9	4.	9 + = 14	4.	+ 9 = 17
5.	9 + 1 =	5.	+ 9 = 18	5.	9 + = 16	5.	9 + 5 =
6.	9 + 3 =	6.	+ 9 = 14	6.	9 + 0 =	6.	9 + 3 =
7.	9 + 6 =	7.	+ 9 = 17	7.	9 + 5 =	7.	9 + = 18
8.	9 + 7 =	8.	+ 9 = 19	8.	9 + 8 =	8.	9 + = 11
9.	9 + 9 =	9.	+ 9 = 15	9.	9 + 1 =	9.	10 + 9 =
10.	9 + 4 =	10.	+ 9 = 12	10.	9 + 4 =	10.	1 + 9 =
11.	9 + 3 =	11.	9 + = 19	11.	+ 9 = 12	11.	+ 9 = 16
12.	9 + 10 =	12.	9 + = 10	12.	+ 9 = 15	12.	+ 9 = 19
13.	9 + 6 =	13.	9 + = 17	13.	+ 9 = 10	13.	9 + 0 =
14.	9 + 2 =	14.	9 + = 11	14.	+ 9 = 17	14.	9 + 8 =
15.	9 + 8 =	15.	9 + = 13	15.	+ 9 = 13	15.	9 + = 12
16.	9 + 4 =	16.	9 + = 16	16.	9 + 2 =	16.	9 + = 14
17.	9 + 7 =	17.	9 + = 12	17.	6 + 9 =	17.	4 + 9 =
18.	9 + 9 =	18.	9 + = 15	18.	3 + 9 =	18.	6 + 9 =
19.	9 + 5 =	19.	9 + = 18	19.	9 + 7 =	19.	+ 9 = 9
20.	9 + 0 =	20.	9 + = 14	20.	9 + 9 =	20.	+ 9 = 13
	Score ___ / 20		Score ___ / 20		Score ___ / 20		Score ___ / 20

Photocopying is prohibited

Week 10

Weekly Assessment

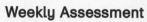

	Monday		Tuesday		Wednesday		Thursday
	Time allowed: mins		Time allowed: mins		Time allowed: mins		Time allowed: mins
1.	10 + 3 =	1.	+ 10 = 14	1.	10 + = 20	1.	10 + 4 =
2.	10 + 10 =	2.	+ 10 = 18	2.	10 + = 15	2.	10 + 6 =
3.	10 + 1 =	3.	+ 10 = 16	3.	10 + = 17	3.	+ 10 = 19
4.	10 + 6 =	4.	+ 10 = 20	4.	10 + = 12	4.	+ 10 = 10
5.	10 + 4 =	5.	+ 10 = 17	5.	10 + = 16	5.	10 + 2 =
6.	10 + 7 =	6.	+ 10 = 19	6.	10 + 9 =	6.	10 + 9 =
7.	10 + 2 =	7.	+ 10 = 12	7.	10 + 1 =	7.	10 + = 11
8.	10 + 9 =	8.	+ 10 = 15	8.	10 + 5 =	8.	10 + = 17
9.	10 + 8 =	9.	+ 10 = 13	9.	10 + 7 =	9.	3 + 10 =
10.	10 + 5 =	10.	+ 10 = 10	10.	10 + 3 =	10.	8 + 10 =
11.	10 + 7 =	11.	10 + = 16	11.	+ 10 = 14	11.	+ 10 = 12
12.	10 + 0 =	12.	10 + = 15	12.	+ 10 = 11	12.	+ 10 = 14
13.	10 + 8 =	13.	10 + = 12	13.	+ 10 = 19	13.	10 + 10 =
14.	10 + 4 =	14.	10 + = 20	14.	+ 10 = 13	14.	10 + 1 =
15.	10 + 5 =	15.	10 + = 13	15.	+ 10 = 18	15.	10 + = 15
16.	10 + 1 =	16.	10 + = 17	16.	10 + 6 =	16.	10 + = 13
17.	10 + 6 =	17.	10 + = 11	17.	2 + 10 =	17.	5 + 10 =
18.	10 + 2 =	18.	10 + = 19	18.	10 + 8 =	18.	7 + 10 =
19.	10 + 9 =	19.	10 + = 14	19.	4 + 10 =	19.	+ 10 = 18
20.	10 + 3 =	20.	10 + = 18	20.	5 + 10 =	20.	+ 10 = 16
	Score __ / 20		Score __ / 20		Score __ / 20		Score __ / 20

14

Photocopying is prohibited

Check-up 1

	A		B		C		D
1.	5 + 4 =	1.	4 + ▢ = 9	1.	▢ + 6 = 8	1.	3 + 6 =
2.	10 + 3 =	2.	3 + ▢ = 7	2.	▢ + 4 = 12	2.	5 + 3 =
3.	4 + 6 =	3.	5 + ▢ = 11	3.	▢ + 2 = 7	3.	4 + 9 =
4.	2 + 8 =	4.	2 + ▢ = 9	4.	▢ + 3 = 10	4.	9 + 7 =
5.	3 + 5 =	5.	6 + ▢ = 10	5.	▢ + 5 = 14	5.	8 + 6 =
6.	5 + 7 =	6.	8 + ▢ = 12	6.	▢ + 8 = 13	6.	6 + 5 =
7.	6 + 6 =	7.	10 + ▢ = 15	7.	▢ + 7 = 15	7.	8 + 4 =
8.	8 + 3 =	8.	7 + ▢ = 13	8.	▢ + 10 = 12	8.	7 + 8 =
9.	9 + 6 =	9.	9 + ▢ = 14	9.	▢ + 9 = 16	9.	7 + 6 =
10.	7 + 3 =	10.	9 + ▢ = 12	10.	▢ + 8 = 16	10.	8 + 9 =

Score ____ / 40

How did you do?

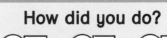

15

	Monday		Tuesday		Wednesday		Thursday
	Time allowed: ___ mins		Time allowed: ___ mins		Time allowed: ___ mins		Time allowed: ___ mins
1.	1 + 5 =	1.	1 + ☐ = 6	1.	☐ + 2 = 10	1.	2 + 3 =
2.	1 + 8 =	2.	1 + ☐ = 3	2.	☐ + 2 = 5	2.	2 + 7 =
3.	1 + 4 =	3.	2 + ☐ = 10	3.	☐ + 1 = 4	3.	1 + 9 =
4.	1 + 6 =	4.	2 + ☐ = 2	4.	☐ + 1 = 11	4.	1 + 5 =
5.	1 + 9 =	5.	1 + ☐ = 10	5.	☐ + 1 = 5	5.	2 + 4 =
6.	1 + 7 =	6.	1 + ☐ = 5	6.	☐ + 1 = 3	6.	2 + 6 =
7.	1 + 2 =	7.	1 + ☐ = 2	7.	☐ + 2 = 9	7.	1 + 8 =
8.	1 + 10 =	8.	2 + ☐ = 11	8.	☐ + 2 = 7	8.	2 + 5 =
9.	1 + 3 =	9.	2 + ☐ = 6	9.	☐ + 1 = 10	9.	2 + 10 =
10.	1 + 0 =	10.	2 + ☐ = 4	10.	☐ + 1 = 1	10.	1 + 6 =
11.	2 + 5 =	11.	1 + ☐ = 9	11.	☐ + 1 = 7	11.	1 + ☐ = 10
12.	2 + 9 =	12.	1 + ☐ = 4	12.	☐ + 1 = 9	12.	2 + ☐ = 12
13.	2 + 2 =	13.	2 + ☐ = 12	13.	☐ + 2 = 11	13.	2 + ☐ = 11
14.	2 + 10 =	14.	2 + ☐ = 8	14.	☐ + 2 = 8	14.	1 + ☐ = 5
15.	2 + 3 =	15.	1 + ☐ = 8	15.	☐ + 2 = 4	15.	2 + ☐ = 10
16.	2 + 6 =	16.	1 + ☐ = 11	16.	☐ + 1 = 6	16.	☐ + 2 = 9
17.	2 + 8 =	17.	2 + ☐ = 5	17.	☐ + 1 = 8	17.	☐ + 2 = 6
18.	2 + 0 =	18.	2 + ☐ = 9	18.	☐ + 2 = 3	18.	☐ + 1 = 8
19.	2 + 4 =	19.	2 + ☐ = 7	19.	☐ + 2 = 6	19.	☐ + 1 = 4
20.	2 + 7 =	20.	1 + ☐ = 7	20.	☐ + 2 = 12	20.	☐ + 2 = 7
	Score ___ / 20		Score ___ / 20		Score ___ / 20		Score ___ / 20

Week 12	Addition Tables 3+, 4+	Weekly Assessment 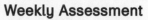

Monday	Tuesday	Wednesday	Thursday
Time allowed: ___ mins	Time allowed: ___ mins	Time allowed: ___ mins	Time allowed: ___ mins
1. 3 + 6 =	1. 3 + ___ = 5	1. ___ + 4 = 12	1. 4 + 8 =
2. 3 + 3 =	2. 3 + ___ = 7	2. ___ + 4 = 9	2. 4 + 2 =
3. 3 + 5 =	3. 3 + ___ = 9	3. ___ + 3 = 11	3. 4 + 7 =
4. 3 + 10 =	4. 4 + ___ = 12	4. ___ + 4 = 7	4. 3 + 5 =
5. 3 + 1 =	5. 4 + ___ = 10	5. ___ + 3 = 6	5. 3 + 9 =
6. 3 + 4 =	6. 3 + ___ = 13	6. ___ + 3 = 8	6. 3 + 6 =
7. 3 + 9 =	7. 3 + ___ = 8	7. ___ + 4 = 13	7. 3 + 0 =
8. 3 + 7 =	8. 4 + ___ = 4	8. ___ + 4 = 10	8. 4 + 10 =
9. 3 + 2 =	9. 4 + ___ = 13	9. ___ + 3 = 5	9. 4 + 3 =
10. 3 + 8 =	10. 4 + ___ = 6	10. ___ + 3 = 10	10. 3 + 4 =
11. 4 + 10 =	11. 3 + ___ = 12	11. ___ + 4 = 4	11. 4 + ___ = 11
12. 4 + 2 =	12. 3 + ___ = 6	12. ___ + 4 = 14	12. 3 + ___ = 5
13. 4 + 9 =	13. 4 + ___ = 11	13. ___ + 3 = 12	13. 4 + ___ = 14
14. 4 + 4 =	14. 4 + ___ = 7	14. ___ + 4 = 8	14. 3 + ___ = 7
15. 4 + 8 =	15. 3 + ___ = 4	15. ___ + 3 = 4	15. 3 + ___ = 13
16. 4 + 0 =	16. 3 + ___ = 11	16. ___ + 3 = 9	16. ___ + 4 = 9
17. 4 + 6 =	17. 4 + ___ = 14	17. ___ + 4 = 6	17. ___ + 4 = 4
18. 4 + 7 =	18. 4 + ___ = 9	18. ___ + 4 = 11	18. ___ + 3 = 12
19. 4 + 3 =	19. 3 + ___ = 10	19. ___ + 3 = 7	19. ___ + 3 = 8
20. 4 + 5 =	20. 4 + ___ = 8	20. ___ + 3 = 13	20. ___ + 4 = 10
Score ___ / 20	Score ___ / 20	Score ___ / 20	Score ___ / 20

Week 13

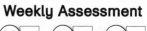
	Monday		Tuesday		Wednesday		Thursday
	Time allowed: ___ mins		Time allowed: ___ mins		Time allowed: ___ mins		Time allowed: ___ mins
1.	5 + 8 =	1.	5 + ___ = 7	1.	___ + 5 = 15	1.	5 + 5 =
2.	5 + 3 =	2.	5 + ___ = 13	2.	___ + 5 = 7	2.	6 + 0 =
3.	5 + 7 =	3.	6 + ___ = 10	3.	___ + 5 = 9	3.	6 + 6 =
4.	5 + 2 =	4.	5 + ___ = 6	4.	___ + 6 = 12	4.	6 + 10 =
5.	5 + 9 =	5.	5 + ___ = 15	5.	___ + 6 = 16	5.	5 + 4 =
6.	5 + 5 =	6.	6 + ___ = 6	6.	___ + 5 = 14	6.	5 + 2 =
7.	5 + 0 =	7.	6 + ___ = 9	7.	___ + 5 = 8	7.	6 + 9 =
8.	5 + 10 =	8.	5 + ___ = 8	8.	___ + 6 = 11	8.	6 + 7 =
9.	5 + 6 =	9.	6 + ___ = 12	9.	___ + 6 = 13	9.	5 + 3 =
10.	5 + 4 =	10.	6 + ___ = 14	10.	___ + 6 = 8	10.	5 + 8 =
11.	6 + 6 =	11.	6 + ___ = 11	11.	___ + 5 = 13	11.	6 + ___ = 12
12.	6 + 4 =	12.	5 + ___ = 14	12.	___ + 5 = 10	12.	6 + ___ = 9
13.	6 + 10 =	13.	5 + ___ = 10	13.	___ + 6 = 14	13.	5 + ___ = 14
14.	6 + 2 =	14.	6 + ___ = 15	14.	___ + 6 = 9	14.	5 + ___ = 12
15.	6 + 7 =	15.	5 + ___ = 12	15.	___ + 6 = 10	15.	5 + ___ = 7
16.	6 + 3 =	16.	6 + ___ = 8	16.	___ + 5 = 5	16.	___ + 6 = 16
17.	6 + 8 =	17.	6 + ___ = 16	17.	___ + 5 = 12	17.	___ + 6 = 13
18.	6 + 5 =	18.	6 + ___ = 13	18.	___ + 6 = 15	18.	___ + 5 = 15
19.	6 + 0 =	19.	5 + ___ = 9	19.	___ + 6 = 6	19.	___ + 5 = 11
20.	6 + 9 =	20.	5 + ___ = 11	20.	___ + 6 = 11	20.	___ + 6 = 14
	Score ___ / 20		Score ___ / 20		Score ___ / 20		Score ___ / 20

Week 14	Addition Tables 7+, 8+	Weekly Assessment

Monday	Tuesday	Wednesday	Thursday
Time allowed: ___ mins	Time allowed: ___ mins	Time allowed: ___ mins	Time allowed: ___ mins

	Monday		Tuesday		Wednesday		Thursday
1.	7 + 10 =	1.	7 + ☐ = 14	1.	☐ + 7 = 9	1.	8 + 8 =
2.	7 + 5 =	2.	7 + ☐ = 7	2.	☐ + 7 = 17	2.	8 + 5 =
3.	7 + 6 =	3.	7 + ☐ = 11	3.	☐ + 8 = 16	3.	7 + 0 =
4.	7 + 0 =	4.	8 + ☐ = 16	4.	☐ + 7 = 11	4.	7 + 7 =
5.	7 + 2 =	5.	8 + ☐ = 10	5.	☐ + 7 = 13	5.	8 + 3 =
6.	7 + 9 =	6.	8 + ☐ = 18	6.	☐ + 8 = 14	6.	8 + 10 =
7.	7 + 7 =	7.	7 + ☐ = 9	7.	☐ + 8 = 12	7.	7 + 6 =
8.	7 + 3 =	8.	7 + ☐ = 17	8.	☐ + 8 = 10	8.	7 + 9 =
9.	7 + 8 =	9.	8 + ☐ = 11	9.	☐ + 7 = 15	9.	7 + 4 =
10.	7 + 4 =	10.	8 + ☐ = 15	10.	☐ + 8 = 18	10.	8 + 2 =
11.	8 + 8 =	11.	8 + ☐ = 12	11.	☐ + 8 = 11	11.	7 + ☐ = 14
12.	8 + 1 =	12.	7 + ☐ = 13	12.	☐ + 7 = 12	12.	7 + ☐ = 10
13.	8 + 3 =	13.	7 + ☐ = 16	13.	☐ + 7 = 16	13.	8 + ☐ = 15
14.	8 + 7 =	14.	8 + ☐ = 9	14.	☐ + 8 = 13	14.	8 + ☐ = 11
15.	8 + 9 =	15.	8 + ☐ = 13	15.	☐ + 7 = 7	15.	8 + ☐ = 18
16.	8 + 4 =	16.	8 + ☐ = 8	16.	☐ + 7 = 14	16.	☐ + 8 = 9
17.	8 + 5 =	17.	8 + ☐ = 14	17.	☐ + 7 = 10	17.	☐ + 8 = 13
18.	8 + 2 =	18.	7 + ☐ = 12	18.	☐ + 8 = 15	18.	☐ + 7 = 17
19.	8 + 6 =	19.	7 + ☐ = 15	19.	☐ + 8 = 17	19.	☐ + 7 = 16
20.	8 + 10 =	20.	7 + ☐ = 10	20.	☐ + 8 = 9	20.	☐ + 8 = 12

Score ___ / 20	Score ___ / 20	Score ___ / 20	Score ___ / 20

Week 15	Addition Tables 9+, 10+	Weekly Assessment

Monday
Time allowed: ____ mins

1. 9 + 10 =
2. 9 + 0 =
3. 9 + 5 =
4. 9 + 3 =
5. 9 + 7 =
6. 9 + 8 =
7. 9 + 2 =
8. 9 + 4 =
9. 9 + 9 =
10. 9 + 6 =
11. 10 + 1 =
12. 10 + 2 =
13. 10 + 10 =
14. 10 + 3 =
15. 10 + 8 =
16. 10 + 4 =
17. 10 + 9 =
18. 10 + 6 =
19. 10 + 5 =
20. 10 + 7 =

Score ____ / 20

Tuesday
Time allowed: ____ mins

1. 9 + ___ = 9
2. 9 + ___ = 17
3. 10 + ___ = 20
4. 10 + ___ = 12
5. 9 + ___ = 19
6. 9 + ___ = 12
7. 10 + ___ = 11
8. 10 + ___ = 19
9. 9 + ___ = 18
10. 9 + ___ = 11
11. 10 + ___ = 16
12. 10 + ___ = 18
13. 10 + ___ = 15
14. 9 + ___ = 16
15. 9 + ___ = 14
16. 10 + ___ = 17
17. 10 + ___ = 14
18. 10 + ___ = 13
19. 9 + ___ = 15
20. 9 + ___ = 13

Score ____ / 20

Wednesday
Time allowed: ____ mins

1. ___ + 10 = 18
2. ___ + 10 = 16
3. ___ + 9 = 18
4. ___ + 9 = 16
5. ___ + 10 = 19
6. ___ + 10 = 17
7. ___ + 10 = 12
8. ___ + 9 = 9
9. ___ + 9 = 19
10. ___ + 9 = 11
11. ___ + 9 = 13
12. ___ + 10 = 10
13. ___ + 10 = 14
14. ___ + 10 = 20
15. ___ + 9 = 14
16. ___ + 9 = 17
17. ___ + 9 = 15
18. ___ + 9 = 12
19. ___ + 10 = 15
20. ___ + 10 = 13

Score ____ / 20

Thursday
Time allowed: ____ mins

1. 9 + 4 =
2. 9 + 2 =
3. 10 + 1 =
4. 9 + 8 =
5. 10 + 4 =
6. 10 + 9 =
7. 9 + 6 =
8. 9 + 3 =
9. 10 + 7 =
10. 10 + 10 =
11. 9 + ___ = 12
12. 9 + ___ = 19
13. 10 + ___ = 13
14. 9 + ___ = 18
15. 10 + ___ = 15
16. ___ + 10 = 20
17. ___ + 9 = 17
18. ___ + 9 = 16
19. ___ + 9 = 15
20. ___ + 9 = 14

Score ____ / 20

Photocopying is prohibited

Check-up 2

	A		B		C		D
1.	4 + 6 =	**1.**	3 + ☐ = 8	**1.**	☐ + 2 = 7	**1.**	5 + 4 =
2.	2 + 4 =	**2.**	5 + ☐ = 9	**2.**	☐ + 5 = 11	**2.**	3 + 6 =
3.	3 + 7 =	**3.**	4 + ☐ = 11	**3.**	☐ + 3 = 12	**3.**	6 + 8 =
4.	5 + 6 =	**4.**	2 + ☐ = 10	**4.**	☐ + 4 = 10	**4.**	4 + 9 =
5.	10 + 4 =	**5.**	6 + ☐ = 14	**5.**	☐ + 6 = 13	**5.**	9 + 8 =
6.	7 + 8 =	**6.**	10 + ☐ = 15	**6.**	☐ + 10 = 12	**6.**	10 + 9 =
7.	9 + 5 =	**7.**	8 + ☐ = 17	**7.**	☐ + 7 = 14	**7.**	9 + 7 =
8.	8 + 9 =	**8.**	8 + ☐ = 16	**8.**	☐ + 8 = 13	**8.**	7 + 5 =
9.	6 + 7 =	**9.**	7 + ☐ = 16	**9.**	☐ + 9 = 15	**9.**	8 + 6 =
10.	8 + 7 =	**10.**	9 + ☐ = 14	**10.**	☐ + 2 = 11	**10.**	3 + 8 =

Score _____
40

How did you do?

Week 16

Weekly Assessment

Monday	Tuesday	Wednesday	Thursday
Time allowed: ___ mins	Time allowed: ___ mins	Time allowed: ___ mins	Time allowed: ___ mins
1. 6 – 1 =	1. 10 – 1 =	1. 4 – 1 =	1. 12 – 2 =
2. 4 – 1 =	2. 5 – 1 =	2. 10 – 1 =	2. 8 – 2 =
3. 9 – 1 =	3. 8 – 1 =	3. 5 – 2 =	3. 4 – 1 =
4. 2 – 1 =	4. 6 – 1 =	4. 11 – 1 =	4. 6 – 1 =
5. 10 – 1 =	5. 1 – 1 =	5. 2 – 1 =	5. 9 – 1 =
6. 7 – 1 =	6. 9 – 1 =	6. 12 – 2 =	6. 7 – 2 =
7. 11 – 1 =	7. 3 – 1 =	7. 6 – 2 =	7. 5 – 1 =
8. 5 – 1 =	8. 7 – 1 =	8. 3 – 1 =	8. 11 – 2 =
9. 3 – 1 =	9. 4 – 1 =	9. 6 – 1 =	9. 5 – 2 =
10. 8 – 1 =	10. 11 – 1 =	10. 7 – 2 =	10. 10 – 1 =
11. 7 – 2 =	11. 12 – 2 =	11. 9 – 2 =	11. 3 – 1 =
12. 5 – 2 =	12. 7 – 2 =	12. 3 – 2 =	12. 10 – 2 =
13. 11 – 2 =	13. 9 – 2 =	13. 8 – 2 =	13. 11 – 1 =
14. 8 – 2 =	14. 2 – 2 =	14. 9 – 1 =	14. 2 – 2 =
15. 12 – 2 =	15. 10 – 2 =	15. 7 – 1 =	15. 6 – 2 =
16. 6 – 2 =	16. 5 – 2 =	16. 10 – 2 =	16. 1 – 1 =
17. 2 – 2 =	17. 11 – 2 =	17. 2 – 2 =	17. 7 – 1 =
18. 10 – 2 =	18. 6 – 2 =	18. 11 – 2 =	18. 9 – 2 =
19. 4 – 2 =	19. 8 – 2 =	19. 8 – 1 =	19. 4 – 2 =
20. 9 – 2 =	20. 4 – 2 =	20. 5 – 1 =	20. 8 – 1 =
Score ___ / 20	Score ___ / 20	Score ___ / 20	Score ___ / 20

22

Week 17

Weekly Assessment

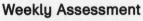

Monday	Tuesday	Wednesday	Thursday
Time allowed: _____ mins	Time allowed: _____ mins	Time allowed: _____ mins	Time allowed: _____ mins
1. 13 − 3 =	1. 6 − 3 =	1. 10 − 3 =	1. 4 − 4 =
2. 7 − 3 =	2. 11 − 3 =	2. 11 − 3 =	2. 6 − 4 =
3. 9 − 3 =	3. 12 − 3 =	3. 6 − 4 =	3. 13 − 3 =
4. 5 − 3 =	4. 8 − 3 =	4. 11 − 4 =	4. 7 − 3 =
5. 10 − 3 =	5. 5 − 3 =	5. 12 − 3 =	5. 11 − 4 =
6. 8 − 3 =	6. 13 − 3 =	6. 7 − 3 =	6. 8 − 4 =
7. 4 − 3 =	7. 10 − 3 =	7. 5 − 4 =	7. 9 − 3 =
8. 11 − 3 =	8. 3 − 3 =	8. 7 − 4 =	8. 4 − 3 =
9. 6 − 3 =	9. 9 − 3 =	9. 5 − 3 =	9. 7 − 4 =
10. 12 − 3 =	10. 7 − 3 =	10. 8 − 3 =	10. 12 − 4 =
11. 8 − 4 =	11. 14 − 4 =	11. 12 − 4 =	11. 8 − 3 =
12. 6 − 4 =	12. 8 − 4 =	12. 14 − 4 =	12. 12 − 3 =
13. 12 − 4 =	13. 10 − 4 =	13. 9 − 4 =	13. 10 − 3 =
14. 9 − 4 =	14. 12 − 4 =	14. 13 − 3 =	14. 13 − 4 =
15. 11 − 4 =	15. 7 − 4 =	15. 6 − 3 =	15. 10 − 4 =
16. 14 − 4 =	16. 13 − 4 =	16. 10 − 4 =	16. 6 − 3 =
17. 7 − 4 =	17. 9 − 4 =	17. 13 − 4 =	17. 11 − 3 =
18. 10 − 4 =	18. 11 − 4 =	18. 8 − 4 =	18. 5 − 3 =
19. 5 − 4 =	19. 4 − 4 =	19. 9 − 3 =	19. 14 − 4 =
20. 13 − 4 =	20. 6 − 4 =	20. 4 − 3 =	20. 9 − 4 =
Score ___ / 20	Score ___ / 20	Score ___ / 20	Score ___ / 20

Week 18

Weekly Assessment

Monday	Tuesday	Wednesday	Thursday
Time allowed: mins	Time allowed: mins	Time allowed: mins	Time allowed: mins
1. 10 − 5 =	1. 15 − 5 =	1. 9 − 5 =	1. 12 − 6 =
2. 12 − 5 =	2. 11 − 5 =	2. 7 − 5 =	2. 10 − 6 =
3. 7 − 5 =	3. 14 − 5 =	3. 11 − 6 =	3. 12 − 5 =
4. 13 − 5 =	4. 5 − 5 =	4. 16 − 6 =	4. 8 − 5 =
5. 9 − 5 =	5. 8 − 5 =	5. 12 − 6 =	5. 5 − 5 =
6. 11 − 5 =	6. 12 − 5 =	6. 9 − 6 =	6. 13 − 5 =
7. 14 − 5 =	7. 7 − 5 =	7. 11 − 5 =	7. 8 − 6 =
8. 6 − 5 =	8. 9 − 5 =	8. 15 − 5 =	8. 7 − 6 =
9. 8 − 5 =	9. 13 − 5 =	9. 10 − 6 =	9. 15 − 6 =
10. 15 − 5 =	10. 10 − 5 =	10. 14 − 6 =	10. 7 − 5 =
11. 14 − 6 =	11. 16 − 6 =	11. 10 − 5 =	11. 9 − 5 =
12. 12 − 6 =	12. 6 − 6 =	12. 13 − 5 =	12. 11 − 6 =
13. 16 − 6 =	13. 13 − 6 =	13. 8 − 6 =	13. 14 − 5 =
14. 7 − 6 =	14. 11 − 6 =	14. 15 − 6 =	14. 10 − 5 =
15. 9 − 6 =	15. 12 − 6 =	15. 14 − 5 =	15. 9 − 6 =
16. 15 − 6 =	16. 14 − 6 =	16. 8 − 5 =	16. 13 − 6 =
17. 10 − 6 =	17. 9 − 6 =	17. 13 − 6 =	17. 15 − 5 =
18. 8 − 6 =	18. 15 − 6 =	18. 7 − 6 =	18. 11 − 5 =
19. 13 − 6 =	19. 10 − 6 =	19. 5 − 5 =	19. 14 − 6 =
20. 11 − 6 =	20. 8 − 6 =	20. 12 − 5 =	20. 16 − 6 =
Score ___ 20	Score ___ 20	Score ___ 20	Score ___ 20

Week 19

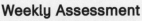 Weekly Assessment

Monday	Tuesday	Wednesday	Thursday
Time allowed: mins	Time allowed: mins	Time allowed: mins	Time allowed: mins
1. 14 − 7 =	1. 17 − 7 =	1. 10 − 7 =	1. 18 − 8 =
2. 12 − 7 =	2. 10 − 7 =	2. 14 − 7 =	2. 15 − 8 =
3. 7 − 7 =	3. 16 − 7 =	3. 18 − 8 =	3. 8 − 7 =
4. 15 − 7 =	4. 11 − 7 =	4. 16 − 8 =	4. 9 − 7 =
5. 13 − 7 =	5. 12 − 7 =	5. 11 − 8 =	5. 14 − 7 =
6. 10 − 7 =	6. 8 − 7 =	6. 17 − 8 =	6. 14 − 8 =
7. 16 − 7 =	7. 13 − 7 =	7. 14 − 8 =	7. 17 − 8 =
8. 9 − 7 =	8. 14 − 7 =	8. 16 − 7 =	8. 8 − 8 =
9. 11 − 7 =	9. 9 − 7 =	9. 13 − 7 =	9. 17 − 7 =
10. 17 − 7 =	10. 15 − 7 =	10. 12 − 8 =	10. 16 − 7 =
11. 18 − 8 =	11. 16 − 8 =	11. 10 − 8 =	11. 12 − 7 =
12. 11 − 8 =	12. 8 − 8 =	12. 9 − 7 =	12. 10 − 7 =
13. 13 − 8 =	13. 17 − 8 =	13. 12 − 7 =	13. 15 − 7 =
14. 16 − 8 =	14. 11 − 8 =	14. 7 − 7 =	14. 12 − 8 =
15. 12 − 8 =	15. 15 − 8 =	15. 13 − 8 =	15. 11 − 8 =
16. 17 − 8 =	16. 12 − 8 =	16. 9 − 8 =	16. 16 − 8 =
17. 10 − 8 =	17. 14 − 8 =	17. 15 − 8 =	17. 13 − 7 =
18. 14 − 8 =	18. 10 − 8 =	18. 17 − 7 =	18. 11 − 7 =
19. 9 − 8 =	19. 18 − 8 =	19. 15 − 7 =	19. 13 − 8 =
20. 15 − 8 =	20. 13 − 8 =	20. 11 − 7 =	20. 10 − 8 =
Score ___ 20	Score ___ 20	Score ___ 20	Score ___ 20

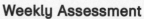
Monday	Tuesday	Wednesday	Thursday
Time allowed: ____ mins	Time allowed: ____ mins	Time allowed: ____ mins	Time allowed: ____ mins
1. $18 - 9 =$	1. $9 - 9 =$	1. $20 - 10 =$	1. $16 - 9 =$
2. $14 - 9 =$	2. $12 - 9 =$	2. $13 - 10 =$	2. $10 - 10 =$
3. $9 - 9 =$	3. $19 - 9 =$	3. $16 - 9 =$	3. $17 - 9 =$
4. $16 - 9 =$	4. $15 - 9 =$	4. $11 - 10 =$	4. $19 - 10 =$
5. $12 - 9 =$	5. $11 - 9 =$	5. $19 - 10 =$	5. $17 - 10 =$
6. $15 - 9 =$	6. $18 - 9 =$	6. $12 - 10 =$	6. $19 - 9 =$
7. $19 - 9 =$	7. $17 - 9 =$	7. $18 - 9 =$	7. $12 - 9 =$
8. $11 - 9 =$	8. $13 - 9 =$	8. $9 - 9 =$	8. $12 - 10 =$
9. $13 - 9 =$	9. $16 - 9 =$	9. $18 - 10 =$	9. $15 - 9 =$
10. $17 - 9 =$	10. $14 - 9 =$	10. $16 - 10 =$	10. $18 - 9 =$
11. $20 - 10 =$	11. $17 - 10 =$	11. $11 - 9 =$	11. $13 - 10 =$
12. $14 - 10 =$	12. $10 - 10 =$	12. $15 - 9 =$	12. $18 - 10 =$
13. $16 - 10 =$	13. $20 - 10 =$	13. $13 - 9 =$	13. $20 - 10 =$
14. $12 - 10 =$	14. $13 - 10 =$	14. $19 - 9 =$	14. $14 - 10 =$
15. $15 - 10 =$	15. $14 - 10 =$	15. $17 - 9 =$	15. $16 - 10 =$
16. $19 - 10 =$	16. $16 - 10 =$	16. $15 - 10 =$	16. $11 - 9 =$
17. $13 - 10 =$	17. $18 - 10 =$	17. $17 - 10 =$	17. $14 - 9 =$
18. $17 - 10 =$	18. $12 - 10 =$	18. $14 - 10 =$	18. $9 - 9 =$
19. $10 - 10 =$	19. $15 - 10 =$	19. $14 - 9 =$	19. $13 - 9 =$
20. $18 - 10 =$	20. $19 - 10 =$	20. $12 - 9 =$	20. $15 - 10 =$
Score ____ / 20	Score ____ / 20	Score ____ / 20	Score ____ / 20

Check-up 3

A	B	C	D
1. 5 − 2 =	1. 7 − 3 =	1. 6 − 4 =	1. 9 − 5 =
2. 8 − 4 =	2. 12 − 5 =	2. 8 − 3 =	2. 11 − 3 =
3. 9 − 3 =	3. 9 − 4 =	3. 11 − 5 =	3. 10 − 4 =
4. 10 − 5 =	4. 8 − 2 =	4. 9 − 2 =	4. 14 − 6 =
5. 17 − 10 =	5. 14 − 5 =	5. 11 − 6 =	5. 10 − 2 =
6. 9 − 6 =	6. 15 − 10 =	6. 15 − 8 =	6. 16 − 8 =
7. 12 − 8 =	7. 12 − 7 =	7. 15 − 6 =	7. 13 − 9 =
8. 12 − 9 =	8. 13 − 8 =	8. 13 − 5 =	8. 14 − 7 =
9. 10 − 7 =	9. 13 − 6 =	9. 14 − 9 =	9. 17 − 8 =
10. 14 − 8 =	10. 16 − 9 =	10. 13 − 7 =	10. 15 − 9 =

Score

40

How did you do?

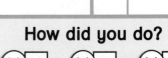

Week 21

Weekly Assessment

Monday	Tuesday	Wednesday	Thursday
Time allowed: mins 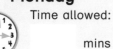	Time allowed: mins	Time allowed: mins	Time allowed: mins
1. $1 + 8 =$	1. $1 + 4 =$	1. $1 + 7 =$	1. $6 + 1 =$
2. $6 + 1 =$	2. $7 + 1 =$	2. $10 - 1 =$	2. $11 - 1 =$
3. $1 + 10 =$	3. $4 - 1 =$	3. $1 + 5 =$	3. $3 - 1 =$
4. $1 + 0 =$	4. $10 - 1 =$	4. $4 - 1 =$	4. $1 + 8 =$
5. $3 + 1 =$	5. $3 + 1 =$	5. $1 + 8 =$	5. $2 - 1 =$
6. $9 - 1 =$	6. $1 + 8 =$	6. $9 - 1 =$	6. $0 + 1 =$
7. $6 - 1 =$	7. $3 - 1 =$	7. $1 + 0 =$	7. $10 - 1 =$
8. $11 - 1 =$	8. $9 - 1 =$	8. $3 - 1 =$	8. $1 + 7 =$
9. $5 - 1 =$	9. $5 + 1 =$	9. $9 + 1 =$	9. $6 - 1 =$
10. $3 - 1 =$	10. $1 + 9 =$	10. $8 - 1 =$	10. $5 + 1 =$
11. $1 + 7 =$	11. $11 - 1 =$	11. $6 + 1 =$	11. $8 - 1 =$
12. $4 + 1 =$	12. $8 - 1 =$	12. $2 - 1 =$	12. $9 - 1 =$
13. $1 + 9 =$	13. $1 + 0 =$	13. $1 + 10 =$	13. $1 + 10 =$
14. $2 + 1 =$	14. $1 + 2 =$	14. $7 - 1 =$	14. $1 + 4 =$
15. $1 + 5 =$	15. $1 - 1 =$	15. $1 + 3 =$	15. $1 + 2 =$
16. $7 - 1 =$	16. $6 - 1 =$	16. $1 - 1 =$	16. $5 - 1 =$
17. $10 - 1 =$	17. $10 + 1 =$	17. $2 + 1 =$	17. $7 - 1 =$
18. $4 - 1 =$	18. $1 + 6 =$	18. $5 - 1 =$	18. $3 + 1 =$
19. $8 - 1 =$	19. $5 - 1 =$	19. $1 + 4 =$	19. $4 - 1 =$
20. $2 - 1 =$	20. $7 - 1 =$	20. $6 - 1 =$	20. $1 + 9 =$
Score ___ 20	Score ___ 20	Score ___ 20	Score ___ 20

Week 22

Weekly Assessment

Monday	Tuesday	Wednesday	Thursday
Time allowed: ___ mins	Time allowed: ___ mins	Time allowed: ___ mins	Time allowed: ___ mins

#	Monday	Tuesday	Wednesday	Thursday
1.	2 + 8 =	2 + 7 =	2 + 5 =	2 + 4 =
2.	2 + 2 =	5 + 2 =	12 − 2 =	11 − 2 =
3.	6 + 2 =	8 − 2 =	2 + 3 =	5 − 2 =
4.	2 + 4 =	6 − 2 =	5 − 2 =	10 + 2 =
5.	10 + 2 =	2 + 6 =	9 + 2 =	12 − 2 =
6.	9 − 2 =	1 + 2 =	7 − 2 =	2 + 3 =
7.	11 − 2 =	9 − 2 =	2 + 4 =	6 − 2 =
8.	6 − 2 =	7 − 2 =	11 − 2 =	9 + 2 =
9.	8 − 2 =	2 + 2 =	2 + 10 =	7 − 2 =
10.	5 − 2 =	8 + 2 =	4 − 2 =	2 + 6 =
11.	7 + 2 =	10 − 2 =	2 + 7 =	2 − 2 =
12.	2 + 0 =	4 − 2 =	8 − 2 =	10 − 2 =
13.	9 + 2 =	2 + 4 =	2 + 2 =	2 + 5 =
14.	2 + 5 =	9 + 2 =	2 − 2 =	7 + 2 =
15.	3 + 2 =	11 − 2 =	8 + 2 =	2 + 1 =
16.	7 − 2 =	5 − 2 =	6 − 2 =	9 − 2 =
17.	10 − 2 =	2 + 10 =	2 + 0 =	4 − 2 =
18.	4 − 2 =	3 + 2 =	9 − 2 =	2 + 0 =
19.	12 − 2 =	12 − 2 =	6 + 2 =	8 − 2 =
20.	2 − 2 =	3 − 2 =	10 − 2 =	8 + 2 =
Score	___ / 20	___ / 20	___ / 20	___ / 20

	Monday
	Time allowed: _____ mins
1.	3 + 3 =
2.	5 + 3 =
3.	3 + 7 =
4.	10 + 3 =
5.	3 + 2 =
6.	10 − 3 =
7.	5 − 3 =
8.	13 − 3 =
9.	6 − 3 =
10.	8 − 3 =
11.	3 + 4 =
12.	9 + 3 =
13.	3 + 0 =
14.	3 + 8 =
15.	6 + 3 =
16.	12 − 3 =
17.	7 − 3 =
18.	11 − 3 =
19.	4 − 3 =
20.	9 − 3 =
Score	_____ / 20

	Tuesday
	Time allowed: _____ mins
1.	3 + 3 =
2.	9 + 3 =
3.	11 − 3 =
4.	4 − 3 =
5.	4 + 3 =
6.	3 + 10 =
7.	10 − 3 =
8.	6 − 3 =
9.	3 + 2 =
10.	5 + 3 =
11.	9 − 3 =
12.	7 − 3 =
13.	3 + 0 =
14.	7 + 3 =
15.	12 − 3 =
16.	8 − 3 =
17.	3 + 6 =
18.	3 + 8 =
19.	13 − 3 =
20.	5 − 3 =
Score	_____ / 20

	Wednesday
	Time allowed: _____ mins
1.	3 + 10 =
2.	9 − 3 =
3.	3 + 3 =
4.	3 − 3 =
5.	9 + 3 =
6.	8 − 3 =
7.	3 + 5 =
8.	13 − 3 =
9.	3 + 4 =
10.	10 − 3 =
11.	6 + 3 =
12.	6 − 3 =
13.	3 + 2 =
14.	11 − 3 =
15.	3 + 0 =
16.	7 − 3 =
17.	7 + 3 =
18.	5 − 3 =
19.	3 + 8 =
20.	12 − 3 =
Score	_____ / 20

	Thursday
	Time allowed: _____ mins
1.	3 + 8 =
2.	6 − 3 =
3.	7 − 3 =
4.	9 + 3 =
5.	4 − 3 =
6.	3 + 10 =
7.	8 − 3 =
8.	3 + 2 =
9.	13 − 3 =
10.	4 + 3 =
11.	5 − 3 =
12.	9 − 3 =
13.	3 + 3 =
14.	3 + 5 =
15.	3 + 7 =
16.	10 − 3 =
17.	12 − 3 =
18.	6 + 3 =
19.	11 − 3 =
20.	3 + 0 =
Score	_____ / 20

Monday	Tuesday	Wednesday	Thursday
Time allowed: _____ mins	Time allowed: _____ mins	Time allowed: _____ mins	Time allowed: _____ mins
1. 4 + 4 =	1. 4 + 0 =	1. 4 + 5 =	1. 4 + 1 =
2. 2 + 4 =	2. 4 + 7 =	2. 11 − 4 =	2. 14 − 4 =
3. 4 + 10 =	3. 7 − 4 =	3. 4 + 4 =	3. 7 − 4 =
4. 3 + 4 =	4. 5 − 4 =	4. 9 − 4 =	4. 9 + 4 =
5. 4 + 0 =	5. 4 + 4 =	5. 2 + 4 =	5. 12 − 4 =
6. 9 − 4 =	6. 2 + 4 =	6. 10 − 4 =	6. 4 + 5 =
7. 7 − 4 =	7. 6 − 4 =	7. 9 + 4 =	7. 13 − 4 =
8. 8 − 4 =	8. 9 − 4 =	8. 14 − 4 =	8. 10 + 4 =
9. 5 − 4 =	9. 5 + 4 =	9. 4 + 10 =	9. 6 − 4 =
10. 6 − 4 =	10. 4 + 9 =	10. 12 − 4 =	10. 4 + 3 =
11. 4 + 6 =	11. 8 − 4 =	11. 4 + 3 =	11. 4 − 4 =
12. 9 + 4 =	12. 13 − 4 =	12. 4 − 4 =	12. 9 − 4 =
13. 4 + 5 =	13. 4 + 10 =	13. 4 + 1 =	13. 4 + 4 =
14. 7 + 4 =	14. 4 + 7 =	14. 13 − 4 =	14. 8 + 4 =
15. 4 + 8 =	15. 11 − 4 =	15. 4 + 8 =	15. 4 + 2 =
16. 13 − 4 =	16. 14 − 4 =	16. 7 − 4 =	16. 10 − 4 =
17. 12 − 4 =	17. 8 + 4 =	17. 6 + 4 =	17. 8 − 4 =
18. 14 − 4 =	18. 4 + 6 =	18. 6 − 4 =	18. 4 + 7 =
19. 10 − 4 =	19. 10 − 4 =	19. 4 + 7 =	19. 11 − 4 =
20. 11 − 4 =	20. 12 − 4 =	20. 8 − 4 =	20. 4 + 6 =
Score _____ / 20	Score _____ / 20	Score _____ / 20	Score _____ / 20

Week 25

Tables 5+, −5

	Monday		Tuesday		Wednesday		Thursday
	Time allowed: mins		Time allowed: mins		Time allowed: mins		Time allowed: mins
1.	5 + 4 =	1.	5 + 5 =	1.	5 + 6 =	1.	5 + 10 =
2.	3 + 5 =	2.	2 + 5 =	2.	11 − 5 =	2.	10 − 5 =
3.	5 + 5 =	3.	8 − 5 =	3.	4 + 5 =	3.	11 − 5 =
4.	5 + 0 =	4.	5 − 5 =	4.	6 − 5 =	4.	4 + 5 =
5.	2 + 5 =	5.	5 + 8 =	5.	5 + 5 =	5.	5 − 5 =
6.	9 − 5 =	6.	5 + 4 =	6.	10 − 5 =	6.	5 + 6 =
7.	5 − 5 =	7.	10 − 5 =	7.	5 + 8 =	7.	12 − 5 =
8.	10 − 5 =	8.	7 − 5 =	8.	12 − 5 =	8.	5 + 2 =
9.	7 − 5 =	9.	5 + 9 =	9.	5 + 2 =	9.	8 − 5 =
10.	8 − 5 =	10.	6 + 5 =	10.	9 − 5 =	10.	8 + 5 =
11.	8 + 5 =	11.	15 − 5 =	11.	5 + 0 =	11.	13 − 5 =
12.	5 + 10 =	12.	11 − 5 =	12.	13 − 5 =	12.	9 − 5 =
13.	5 + 6 =	13.	5 + 10 =	13.	5 + 9 =	13.	5 + 5 =
14.	5 + 9 =	14.	7 + 5 =	14.	7 − 5 =	14.	9 + 5 =
15.	5 + 7 =	15.	14 − 5 =	15.	3 + 5 =	15.	5 + 7 =
16.	13 − 5 =	16.	12 − 5 =	16.	14 − 5 =	16.	14 − 5 =
17.	15 − 5 =	17.	5 + 0 =	17.	5 + 10 =	17.	7 − 5 =
18.	11 − 5 =	18.	5 + 3 =	18.	8 − 5 =	18.	5 + 0 =
19.	14 − 5 =	19.	9 − 5 =	19.	7 + 5 =	19.	15 − 5 =
20.	12 − 5 =	20.	13 − 5 =	20.	15 − 5 =	20.	5 + 3 =
	Score ___ / 20		Score ___ / 20		Score ___ / 20		Score ___ / 20

Week 26

Tables 6+, −6

	Monday		Tuesday		Wednesday		Thursday
1.	6 + 0 =	1.	6 + 3 =	1.	6 + 10 =	1.	4 + 6 =
2.	6 + 3 =	2.	6 + 5 =	2.	10 − 6 =	2.	12 − 6 =
3.	5 + 6 =	3.	12 − 6 =	3.	6 + 4 =	3.	16 − 6 =
4.	6 + 7 =	4.	10 − 6 =	4.	9 − 6 =	4.	6 + 5 =
5.	6 + 4 =	5.	6 + 1 =	5.	6 + 0 =	5.	6 − 6 =
6.	10 − 6 =	6.	7 + 6 =	6.	15 − 6 =	6.	6 + 10 =
7.	8 − 6 =	7.	14 − 6 =	7.	6 + 9 =	7.	15 − 6 =
8.	11 − 6 =	8.	11 − 6 =	8.	8 − 6 =	8.	6 + 3 =
9.	6 − 6 =	9.	6 + 4 =	9.	3 + 6 =	9.	11 − 6 =
10.	9 − 6 =	10.	6 + 9 =	10.	16 − 6 =	10.	6 + 6 =
11.	9 + 6 =	11.	7 − 6 =	11.	6 + 8 =	11.	8 − 6 =
12.	6 + 6 =	12.	15 − 6 =	12.	14 − 6 =	12.	10 − 6 =
13.	6 + 10 =	13.	10 + 6 =	13.	5 + 6 =	13.	9 + 6 =
14.	6 + 2 =	14.	0 + 6 =	14.	7 − 6 =	14.	6 + 2 =
15.	8 + 6 =	15.	13 − 6 =	15.	6 + 6 =	15.	6 + 8 =
16.	16 − 6 =	16.	8 − 6 =	16.	12 − 6 =	16.	9 − 6 =
17.	14 − 6 =	17.	6 + 8 =	17.	2 + 6 =	17.	13 − 6 =
18.	12 − 6 =	18.	6 + 6 =	18.	13 − 6 =	18.	7 + 6 =
19.	15 − 6 =	19.	9 − 6 =	19.	6 + 7 =	19.	14 − 6 =
20.	13 − 6 =	20.	16 − 6 =	20.	11 − 6 =	20.	6 + 0 =

Time allowed: ___ mins

Score ___ / 20

Score ___ / 20

Score ___ / 20

Score ___ / 20

Week 27	Tables 7+, −7	Weekly Assessment

Monday	Tuesday	Wednesday	Thursday
Time allowed: _____ mins	Time allowed: _____ mins	Time allowed: _____ mins	Time allowed: _____ mins
1. $7 + 0 =$	1. $7 + 2 =$	1. $6 + 7 =$	1. $7 + 4 =$
2. $4 + 7 =$	2. $1 + 7 =$	2. $14 - 7 =$	2. $10 - 7 =$
3. $7 + 2 =$	3. $13 - 7 =$	3. $7 + 4 =$	3. $12 - 7 =$
4. $7 + 5 =$	4. $10 - 7 =$	4. $10 - 7 =$	4. $7 + 10 =$
5. $3 + 7 =$	5. $7 + 10 =$	5. $7 + 5 =$	5. $13 - 7 =$
6. $11 - 7 =$	6. $7 + 4 =$	6. $11 - 7 =$	6. $3 + 7 =$
7. $7 - 7 =$	7. $8 - 7 =$	7. $8 + 7 =$	7. $14 - 7 =$
8. $12 - 7 =$	8. $16 - 7 =$	8. $15 - 7 =$	8. $7 + 9 =$
9. $9 - 7 =$	9. $7 + 3 =$	9. $7 + 7 =$	9. $9 - 7 =$
10. $10 - 7 =$	10. $5 + 7 =$	10. $17 - 7 =$	10. $7 + 0 =$
11. $7 + 8 =$	11. $15 - 7 =$	11. $7 + 2 =$	11. $11 - 7 =$
12. $7 + 10 =$	12. $17 - 7 =$	12. $12 - 7 =$	12. $15 - 7 =$
13. $7 + 7 =$	13. $7 + 7 =$	13. $7 + 3 =$	13. $7 + 8 =$
14. $9 + 7 =$	14. $7 + 9 =$	14. $16 - 7 =$	14. $7 + 2 =$
15. $7 + 6 =$	15. $14 - 7 =$	15. $7 + 9 =$	15. $5 + 7 =$
16. $16 - 7 =$	16. $12 - 7 =$	16. $9 - 7 =$	16. $7 - 7 =$
17. $13 - 7 =$	17. $6 + 7 =$	17. $7 + 0 =$	17. $16 - 7 =$
18. $17 - 7 =$	18. $7 + 8 =$	18. $7 - 7 =$	18. $7 + 7 =$
19. $14 - 7 =$	19. $11 - 7 =$	19. $10 + 7 =$	19. $17 - 7 =$
20. $15 - 7 =$	20. $9 - 7 =$	20. $13 - 7 =$	20. $6 + 7 =$
Score _____ / 20	Score _____ / 20	Score _____ / 20	Score _____ / 20

34

Monday
 Time allowed: ___ mins

1. 8 + 3 =
2. 4 + 8 =
3. 8 + 0 =
4. 8 + 5 =
5. 8 + 2 =
6. 8 − 8 =
7. 11 − 8 =
8. 13 − 8 =
9. 10 − 8 =
10. 12 − 8 =
11. 8 + 8 =
12. 8 + 10 =
13. 8 + 9 =
14. 8 + 6 =
15. 7 + 8 =
16. 16 − 8 =
17. 15 − 8 =
18. 17 − 8 =
19. 14 − 8 =
20. 18 − 8 =

Score ___ / 20

Tuesday
 Time allowed: ___ mins

1. 8 + 1 =
2. 6 + 8 =
3. 16 − 8 =
4. 13 − 8 =
5. 8 + 0 =
6. 8 + 7 =
7. 17 − 8 =
8. 14 − 8 =
9. 8 + 5 =
10. 9 + 8 =
11. 18 − 8 =
12. 8 − 8 =
13. 8 + 8 =
14. 8 + 4 =
15. 10 − 8 =
16. 12 − 8 =
17. 8 + 3 =
18. 10 + 8 =
19. 11 − 8 =
20. 15 − 8 =

Score ___ / 20

Wednesday
 Time allowed: ___ mins

1. 8 + 4 =
2. 16 − 8 =
3. 8 + 10 =
4. 9 − 8 =
5. 5 + 8 =
6. 18 − 8 =
7. 8 + 9 =
8. 12 − 8 =
9. 3 + 8 =
10. 10 − 8 =
11. 8 + 0 =
12. 17 − 8 =
13. 8 + 6 =
14. 15 − 8 =
15. 2 + 8 =
16. 11 − 8 =
17. 8 + 7 =
18. 14 − 8 =
19. 8 + 8 =
20. 13 − 8 =

Score ___ / 20

Thursday
   Time allowed: ___ mins

1. 8 + 10 =
2. 18 − 8 =
3. 13 − 8 =
4. 5 + 8 =
5. 12 − 8 =
6. 8 + 9 =
7. 17 − 8 =
8. 4 + 8 =
9. 8 − 8 =
10. 8 + 2 =
11. 11 − 8 =
12. 16 − 8 =
13. 8 + 3 =
14. 8 + 0 =
15. 8 + 8 =
16. 15 − 8 =
17. 10 − 8 =
18. 8 + 7 =
19. 14 − 8 =
20. 6 + 8 =

Score ___ / 20

Monday	Tuesday	Wednesday	Thursday
Time allowed: mins	Time allowed: mins	Time allowed: mins	Time allowed: mins
1. 9 + 3 =	1. 9 + 5 =	1. 9 + 0 =	1. 9 + 1 =
2. 2 + 9 =	2. 9 + 1 =	2. 19 − 9 =	2. 18 − 9 =
3. 9 + 4 =	3. 11 − 9 =	3. 9 + 7 =	3. 13 − 9 =
4. 9 + 0 =	4. 17 − 9 =	4. 14 − 9 =	4. 9 + 10 =
5. 9 + 5 =	5. 9 + 6 =	5. 9 + 3 =	5. 12 − 9 =
6. 14 − 9 =	6. 10 + 9 =	6. 18 − 9 =	6. 6 + 9 =
7. 9 − 9 =	7. 12 − 9 =	7. 8 + 9 =	7. 17 − 9 =
8. 13 − 9 =	8. 16 − 9 =	8. 12 − 9 =	8. 4 + 9 =
9. 11 − 9 =	9. 9 + 9 =	9. 9 + 6 =	9. 9 − 9 =
10. 12 − 9 =	10. 9 + 4 =	10. 17 − 9 =	10. 9 + 0 =
11. 9 + 9 =	11. 19 − 9 =	11. 9 + 2 =	11. 14 − 9 =
12. 9 + 6 =	12. 13 − 9 =	12. 11 − 9 =	12. 16 − 9 =
13. 9 + 10 =	13. 3 + 9 =	13. 9 + 9 =	13. 9 + 3 =
14. 9 + 8 =	14. 9 + 8 =	14. 15 − 9 =	14. 9 + 7 =
15. 7 + 9 =	15. 18 − 9 =	15. 5 + 9 =	15. 9 + 5 =
16. 16 − 9 =	16. 14 − 9 =	16. 13 − 9 =	16. 19 − 9 =
17. 18 − 9 =	17. 9 + 2 =	17. 9 + 4 =	17. 11 − 9 =
18. 15 − 9 =	18. 9 + 7 =	18. 16 − 9 =	18. 2 + 9 =
19. 17 − 9 =	19. 9 − 9 =	19. 9 + 10 =	19. 15 − 9 =
20. 19 − 9 =	20. 15 − 9 =	20. 9 − 9 =	20. 9 + 8 =
Score ___ / 20	Score ___ / 20	Score ___ / 20	Score ___ / 20

Week 30

Tables 10+, −10

Monday	Tuesday	Wednesday	Thursday
Time allowed: mins	Time allowed: mins	Time allowed: mins	Time allowed: mins
1. 10 + 4 =	1. 10 + 2 =	1. 7 + 10 =	1. 10 + 5 =
2. 2 + 10 =	2. 8 + 10 =	2. 13 − 10 =	2. 20 − 10 =
3. 10 + 3 =	3. 15 − 10 =	3. 10 + 8 =	3. 10 − 10 =
4. 5 + 10 =	4. 13 − 10 =	4. 17 − 10 =	4. 10 + 0 =
5. 10 + 1 =	5. 10 + 7 =	5. 10 + 2 =	5. 19 − 10 =
6. 15 − 10 =	6. 10 + 3 =	6. 20 − 10 =	6. 4 + 10 =
7. 13 − 10 =	7. 20 − 10 =	7. 10 + 9 =	7. 14 − 10 =
8. 20 − 10 =	8. 14 − 10 =	8. 18 − 10 =	8. 10 + 6 =
9. 16 − 10 =	9. 10 + 1 =	9. 0 + 10 =	9. 17 − 10 =
10. 18 − 10 =	10. 6 + 10 =	10. 14 − 10 =	10. 10 + 1 =
11. 10 + 7 =	11. 19 − 10 =	11. 10 + 10 =	11. 13 − 10 =
12. 9 + 10 =	12. 17 − 10 =	12. 15 − 10 =	12. 12 − 10 =
13. 10 + 10 =	13. 5 + 10 =	13. 10 + 3 =	13. 10 + 9 =
14. 10 + 6 =	14. 10 + 0 =	14. 11 − 10 =	14. 10 + 8 =
15. 10 + 8 =	15. 12 − 10 =	15. 10 + 4 =	15. 10 + 2 =
16. 11 − 10 =	16. 10 − 10 =	16. 19 − 10 =	16. 16 − 10 =
17. 19 − 10 =	17. 10 + 10 =	17. 5 + 10 =	17. 18 − 10 =
18. 12 − 10 =	18. 4 + 10 =	18. 16 − 10 =	18. 7 + 10 =
19. 14 − 10 =	19. 18 − 10 =	19. 10 + 6 =	19. 15 − 10 =
20. 17 − 10 =	20. 16 − 10 =	20. 12 − 10 =	20. 3 + 10 =
Score ___ / 20	Score ___ / 20	Score ___ / 20	Score ___ / 20

Check-up 4

3/7/14.

A	B	C	D
1. 2 + 5 = 7	1. 5 + 3 = 8	1. 2 + 7 = 9	1. 5 + 9 = 14
2. 4 + 6 = 10	2. 7 + 4 = 11	2. 4 + 8 = 12	2. 3 + 7 = 10
3. 3 + 9 = 12	3. 6 + 8 = 14	3. 8 + 9 = 17	3. 7 + 8 = 15
4. 5 + 7 = 12	4. 9 + 7 = 16	4. 6 + 7 = 13	4. 9 + 4 = 13
5. 6 + 6 = 12	5. 8 + 5 = 13	5. 10 + 4 = 14	5. 6 + 9 = 15
6. 7 − 2 = 5	6. 12 − 5 = 7	6. 10 − 3 = 7	6. 13 − 4 = 9
7. 12 − 4 = 8	7. 15 − 8 = 7	7. 13 − 5 = 8	7. 11 − 8 = 3
8. 9 − 3 = 6	8. 13 − 6 = 7	8. 14 − 7 = 7	8. 14 − 6 = 8
9. 10 − 6 = 4	9. 11 − 7 = 4	9. 11 − 6 = 5	9. 12 − 7 = 5
10. 11 − 5 = 6	10. 14 − 9 = 5	10. 17 − 8 = 9	10. 16 − 9 = 7

Score

$\dfrac{40}{40}$

How did you do?

Colour by Numbers

Use your Addition Tables to colour the picture.

✏️	10 green	11 red	12 yellow	13 blue
Colour:	14 purple	15 orange	16 brown	17 pink

8 + 4

7 + 3   7 + 9

6 + 7

2 + 10

10 + 4

10 + 6

6 + 8

7 + 8

9 + 8   7 + 10   9 + 8   7 + 7   5 + 9   9 + 5

5 + 8

10 + 5

7 + 9   12 + 4

10 + 7   9 + 6   10 + 2   9 + 6   3 + 8   7 + 8   5 + 6   10 + 3   8 + 8

10 + 2   5 + 7   7 + 9

6 + 9   5 + 10

4 + 12

6 + 10

9 + 6

12 + 0   9 + 7   7 + 7

4 + 6

7 + 8   5 + 9   9 + 8   3 + 9

10 + 2

4 + 6

Tables Champion Certificate

Colour the picture.

Draw yourself

Well Done!

Name:

T.C.

40